철학하는 어린이
감정이란 무엇일까요?

이 책은 프랑스 낭테르시 어린이들과 오스카 브르니피에 선생님의
철학적 대화를 담은 책입니다.

LES SENTIMENTS C'EST QUOI?

Written by Oscar Brenifier
Illustrated by Serge Bloch

Copyright 2004 by Éditions Nathan-Paris, France
Éditions-originale : LES SENTIMENTS C'EST QUOI?
www.brenifier.com

Korean Translation Copyright 2012 by Maks Publishing Co.,Ltd. (Sangsurinamu)
Korean Edition is published by arrangement with Éditions NATHAN
through PK Agency, Korea.

본 저작물의 한국어 판권은 PK Agency를 통해 Éditions NATHAN과의 독점 계약으로
도서출판 (주)맥스퍼블리싱에 있습니다. 한국 내에서 저작권법에 따라 보호를 받는 책이므로
무단 전재와 무단 복제를 금합니다.

샹수리

상수리나무는 날이 가물수록 열매가 더 많이 열려서
예로부터 굶주린 백성들의 배를 채워 주었답니다.
상수리나무의 강한 생명력과 너른 포용력을 귀하게 여기며
출판사의 이름을 상수리나무라고 정했습니다.
우리 어린이들에게 진취적인 기상을 키워 주고
마음속에 사랑의 씨앗을 심어 주는
좋은 어린이 책을 만들고 싶습니다.

철학하는 어린이
감정이란 무엇일까요?

글 | 오스카 브르니피에
그림 | 세르주 블로흐
옮김 | 박광신

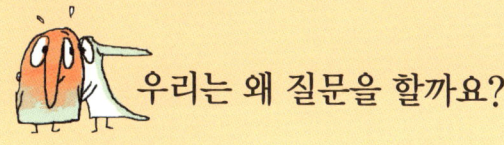
우리는 왜 질문을 할까요?

어린이들은 많은 질문을 합니다. 그중에는 아주 중요한 질문들도 있어요.
이 질문들을 어떻게 해야 할까요? 부모와 선생님이 질문에 모두 대답해야 할까요?

물론 이 책에서 부모와 선생님의 대답을 제외하려는 건 아니에요.
부모와 선생님의 대답은 어린이 스스로 생각할 수 있게 도움을 줄 수 있으니까요.
그렇지만 어린이 스스로 질문에 대해 생각하고 판단하면서,
독립심을 기르고 책임감도 갖게 하는 것이 바람직하겠죠?

〈철학하는 어린이〉 시리즈에서는 한 질문마다 다양한 답을 제시하고 있습니다.
명확한 대답도 있지만 까다롭고 당황스러운 대답도 있지요.
그리고 이런 대답들은 또다시 새로운 질문을 하게 만듭니다.
생각이란 끝을 모르는 길이니까요.

어쩌면 이렇게 해서 얻게 되는 마지막 질문에는 대답할 수 없을지도 모릅니다.
하지만 차라리 그게 나을지도 몰라요. 답을 줄 수 있는 질문이 아닐지도 모르니까요.
어떤 질문은 단지 물음이 나온 것만으로도 좋을 수 있답니다.
질문이 그 자체로 아름다운 질문이거나
의미와 가치를 갖는 아름다운 문제를 표현하기 때문이지요.
삶, 사랑, 아름다움 또는 선함도 항상 이렇게 질문으로 남게 되겠지요.

그렇지만 답을 찾아가는 과정은 그려질 것입니다.
그 과정으로 들어가 곰곰이 생각해 봅시다.
이러한 과정은 우리가 깨어 있기 원하는 친구들을 만나는 것과 같이 우리를
깨어 있게 할 테니까요.
더 나아가 이런 대화를 확장해 봅시다.
어린이뿐만 아니라 부모님에게도 많은 것을 가져다줄 것입니다.

오스카 브르니피에

추천의 글
자존감을 길러주는 어린이 철학책

한 인간을 만들기 위해서 우주는 억겁의 시간을 기다렸고,
지구는 45억 년을 돌았습니다. 한 존재가 태어나기까지의 과정을 추적한다면
누구나 분명히 고백할 수 있습니다.
'나'는 이 땅에 온 별이다!
그런데 왜 그 별이 빛을 잃고 돌이 되어 있을까요?
왜 우리는 자신을 과소평가하는데 익숙할까요? 바로 '나' 때문입니다.
"인간을 낙원에서 추방할 수 있는 자는 오로지 인간뿐"이라고 한 철학자는
에리히 프롬입니다.
우리는 너무 쉽게 우리 자신을 깎아내려서 스스로 낙원에서 추방한 것이지요.
지금 가난하다고, 당장 일자리가 불안하다고, 더 이상 젊지 않다고, 학벌이
별로라고, 스스로 콤플렉스를 만들면서 45억 년 세월이, 억겁의 세월이 우리를
낳은 까닭을 잊고 살아왔습니다.
〈철학하는 어린이〉 시리즈는 우리가 만든 콤플렉스 때문에 우리가 놓친 삶의
가치를 다시 생각할 수 있도록 해줍니다.
진짜 아름다움은 어떤 건지, 행복은 어디에 있는지, 우리는 왜 자유를 추구하는지,
함께 존재한다는 것의 의미는 무엇인지, '생각' 하게 만듭니다.
생각이란 걸 해보면 우리 마음속에 얼마만한 보화가 있는지 스스로 놀라게 됩니다.
처음에는 별생각 없이 책을 펼쳤습니다. 그러다 놀랐습니다. '아니, 프랑스 어린이
들은 어렸을 때부터 이렇게 스스로 생각하는 훈련을 받나!' 싶어서 말입니다.
'어렸을 때부터 성찰의 논리를 배워 익힌다면, 살면서 무슨 일이 생겨도 세상을
탓하지 않고 마음의 중심을 키워 갈 수 있겠구나!' 싶었습니다.
〈철학하는 어린이〉 시리즈는 내 마음의 보물 창고를 향해 첫발을 내딛게 하는
책입니다. 이 책을 통해서 생각의 춤을 추게 되면 스스로 또 다른 방식의 춤을
추는 법도 익히리라 믿습니다.

수원대학교 철학과 교수 이 주 향

차 례

1 　사랑의 증거　부모님이 나를 사랑하는 걸 어떻게 알까요? …8

2 　질투　형제자매에게 질투를 느끼나요? …24

3 　싸움　사랑하는 사람과 왜 싸우는 걸까요? …38

4 　사랑　누군가를 사랑하는 것은 좋은 일인가요? …52

5 　우정　혼자 있기와 친구와 놀기 중 어떤 게 더 좋은가요? …66

6 　수줍음　친구들 앞에서 혼자 말하는 게 두려운가요? …82

사랑의 증거

부모님이 나를 사랑하는 걸
어떻게 알까요?

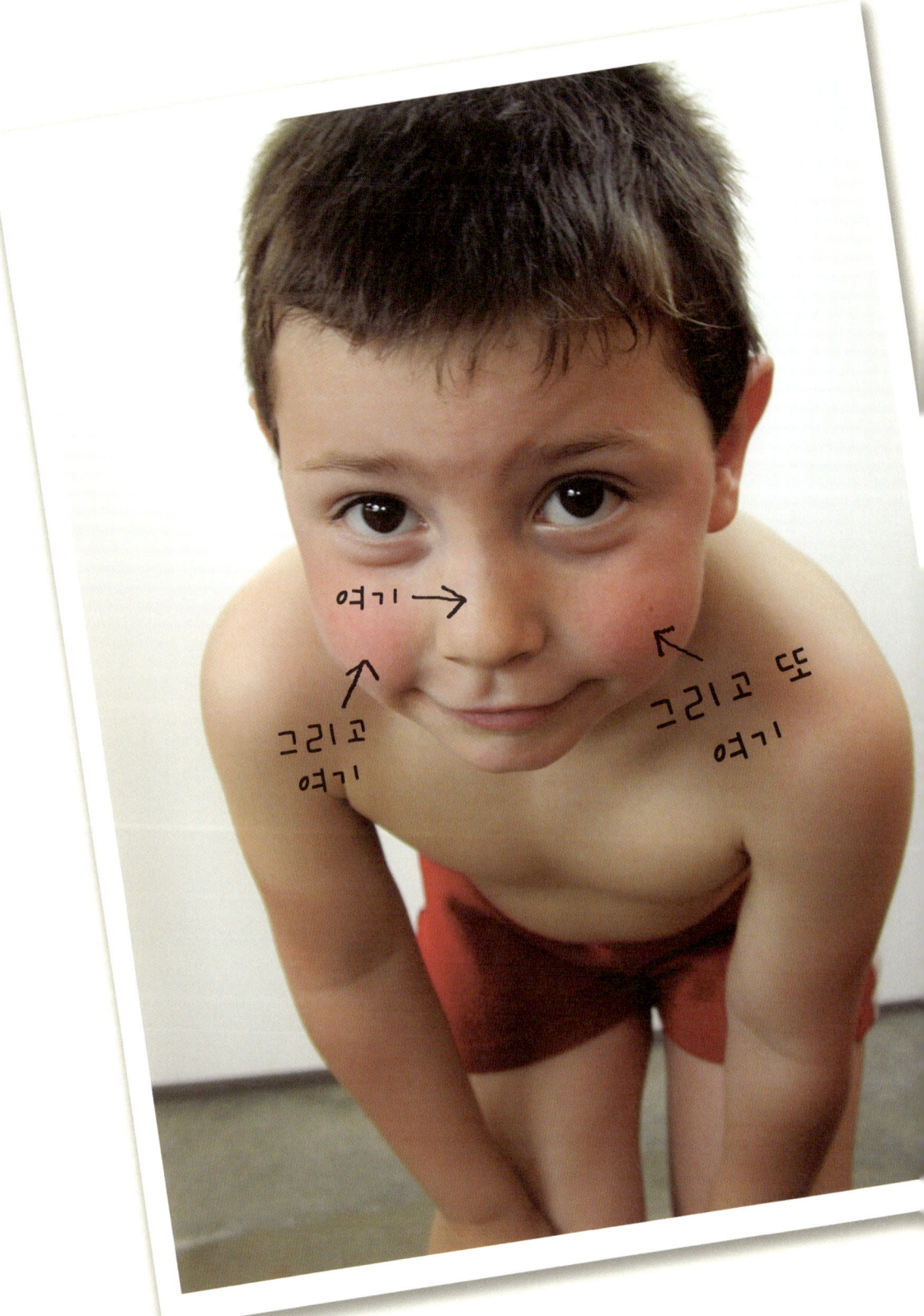

부모님은 나에게 뽀뽀해 주시니까요.

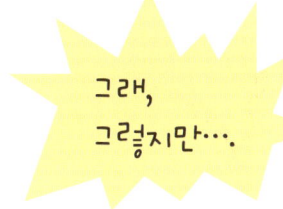
그래, 그렇지만….

뽀뽀하면 다 사랑하는 사이일까요?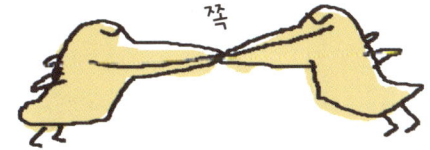

사랑하면 항상 뽀뽀하는 걸까요?

뽀뽀하자고 할 때 싫은 적은 없었나요?

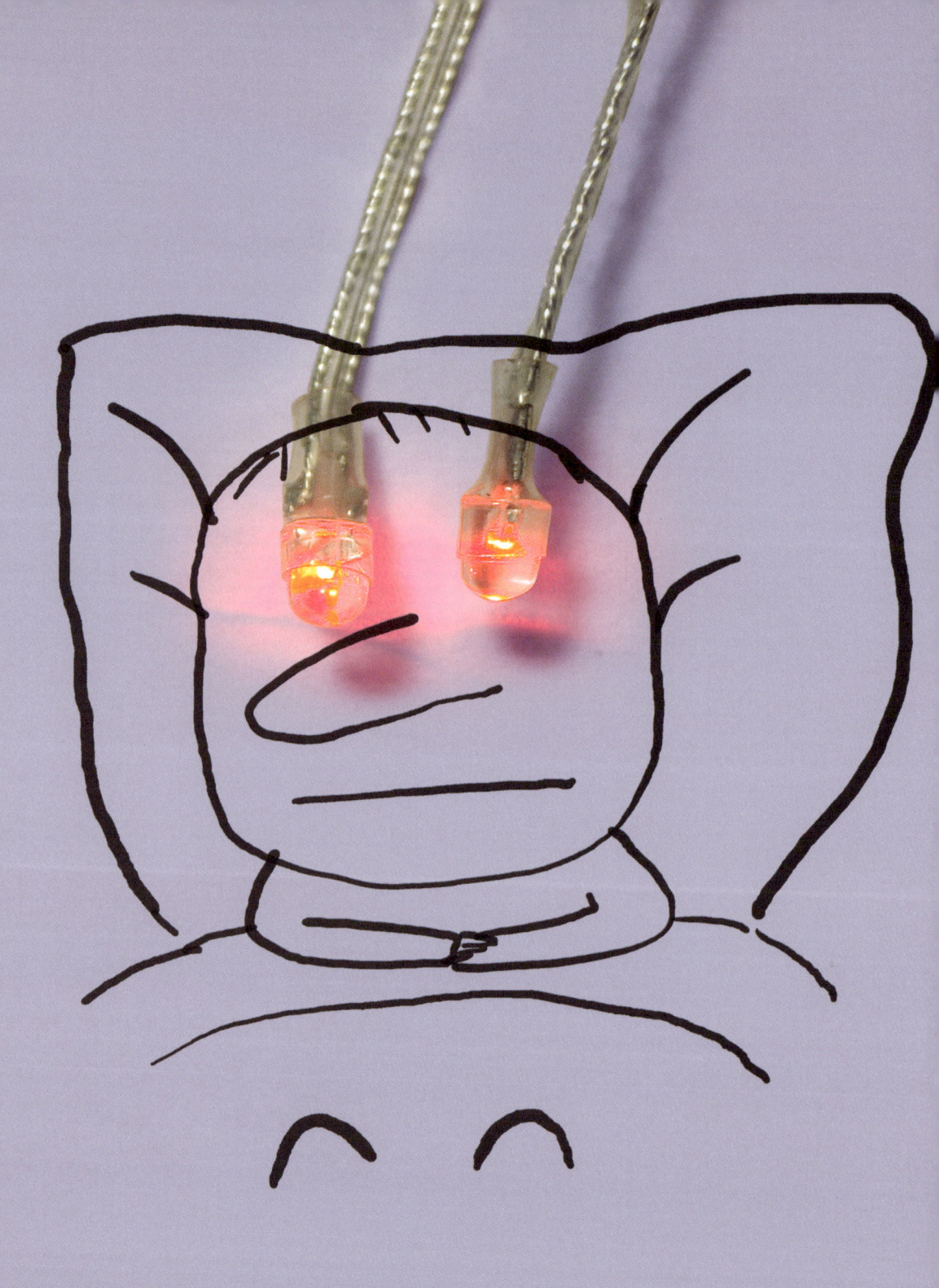

부모님은 나에게 먹을 것을 주시고,
아플 때는 병원에 데려가시니까요.

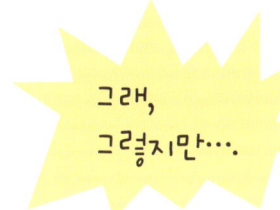
그래,
그렇지만….

우리에게 먹을 것을 주고
아플 때 병원에 데려가는 게 부모님의
의무일까요?

자식을 먹여 살릴 능력을
모든 부모님이 갖고 있는 걸까요?

자식에게 먹을 것을 줄 수 없는 부모님은
자식을 사랑하지 않는 걸까요?

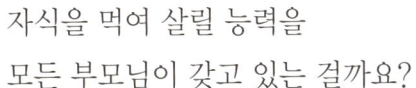

나는 부모님의 사랑을 가슴으로 느껴요.

그래,
그럴지만….

가슴으로 느끼는 것이
머리로 이해하는 것보다
더 확실한 걸까요?

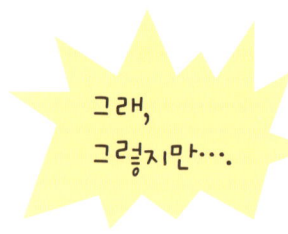

우리는 부모님의 사랑을 느껴요.
하지만 그 사랑을 확인하고 싶을 때가
있지 않나요?

사랑받고 있다는 것을
느끼지 못할 수도 있을까요?

사랑의 증거 부모님이 나를 사랑하는 걸 어떻게 알까요?

부모님께서 나를 걱정하시기 때문이에요.

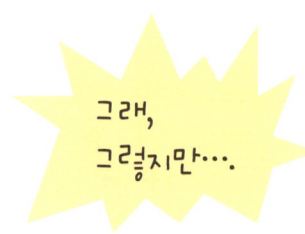

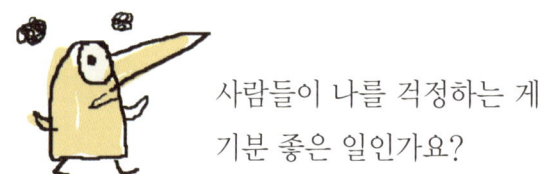

사람들이 나를 걱정하는 게
기분 좋은 일인가요?

누군가를 사랑하면 반드시
그 사람을 걱정해야 하나요?

부모님이 나를 정말 믿는다면
걱정할 필요가 있을까요?

사랑의 증거 부모님이 나를 사랑하는 걸 어떻게 알까요?

내가 말썽을 피우면 부모님께서
나에게 벌을 주시니까요.

그래,
그렇지만….

벌을 받는 것은 기분 좋지 않아요.
그런데도 부모님을 사랑하기 때문에
받아들여야 하는 걸까요?

벌주는 것과 설명해 주는 것 중에서
어느 쪽이 더 나을까요?

벌은 꼭 받아야 할 만큼 가치 있는
걸까요?

부모님은 내가 원하는 것을 다 주시니까요.

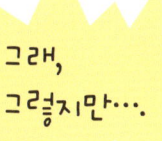

우리는 모든 것을 다 살 수 있을까요?

원하는 것을 다 들어주는 것이 사랑일까요?
가끔은 거절할 줄 아는 게 사랑 아닐까요?

우리가 원하는 것이
우리에게 항상 좋은 걸까요?

선물이 항상 사랑의 표시일까요?
가짜 선물도 있지 않을까요?

생각 정리하기

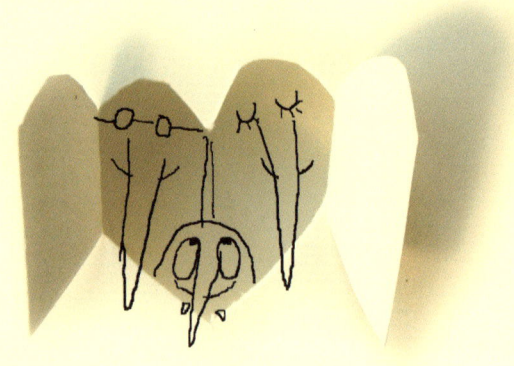

부모님은 우리를 사랑해요.
우리는 평소에 부모님의 사랑을 믿지요.
그런데 부모님이 우리를 정말 사랑할까 하고 의심할 때가 있어요.
그때 우리는 슬프고 화가 나서 사랑을 확인하고 싶어 해요.
부모님의 사랑이 필요하기에 그 사랑을 느낄 증거를 원하는 거예요.
부모님은 우리에게 선물을 주기도 하고, 부드럽게 대하기도 해요.
또 우리에게 벌을 주기도 하고, 걱정하기도 한답니다.
그런데 우리는 부모님의 이런 행동들을
알아차리지 못하거나 제대로 이해하지 못할 때가 많아요.
그건 아마도 우리가 부모님에게 너무 많은 것을 원하기 때문일지도 몰라요.
또 사랑이란 때로는 이해할 수 없는 신비한 감정이기 때문일 수도 있답니다.

이런 질문을 하는 건…

사랑은 하나의 방법으로만 표현되지 않아요.
수천 가지 방법으로도 표현되는 것이
사랑임을 이해하기 위해서랍니다.

우리가 부모님의 사랑을 제대로 알아볼 수
있기 위해서랍니다.

사랑받는 행복을 마음껏 즐기기 위해서랍니다.

| 질투 |

형제자매에게 질투를 느끼나요?

그래,
그럴지만….

누군가를 사랑하면 모든 것을 그 사람과 나누고 싶나요? 사랑하지만 나누고 싶지 않은 것도 있지 않을까요?

난 형제자매를 질투하지 않아요.
그들을 사랑하니까요.

사랑하지 않는 사람에게도
질투를 느끼나요?

우리는 형제자매를 항상
사랑하고 있을까요?

그럼요. 내게 없는 것을 형제자매가 가지고 있을 때 질투를 느껴요.

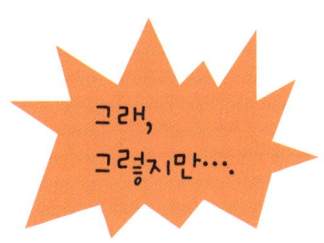

형제자매는 우리에게 없는 것을 가지고 있어요. 그러나 우리도 그들이 없는 것을 가지고 있을 때도 있지 않나요?

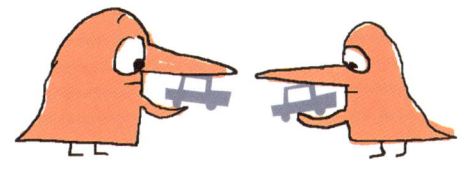

왜 형제자매가 가지고 있는 것을 똑같이 가지려고 하나요?

왜 우리는 우리에게 없는 것을 가지고 싶어 할까요?

그럼요.
부모님께서 나만 돌보셨으면 하니까요.

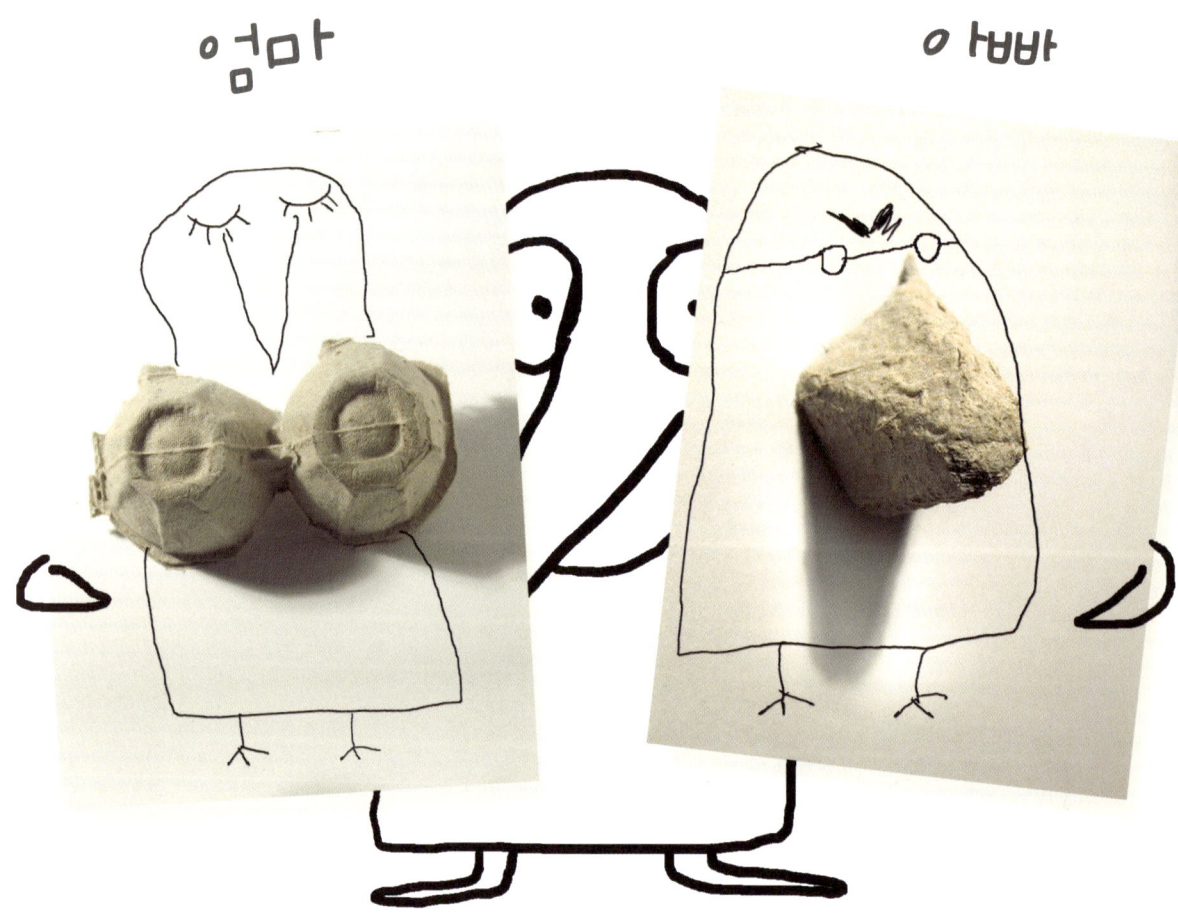

사랑은 나눌 수 없는 건가요?

부모님이 형제자매를 돌보는 건
나보다 그들을 더 사랑해서인가요?

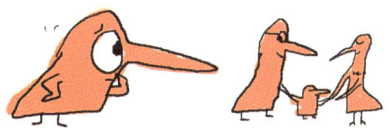

부모님이 우리를 항상
돌봐 주길 바라나요?

부모님이 형제자매를 돌보지 않기를 바라는 건가요?

난 질투하지 않아요.
질투하면 불행해지니까요.

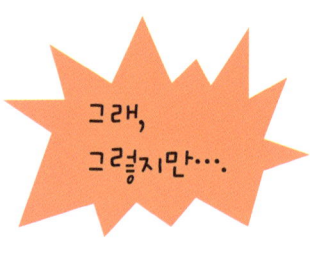

질투해서 행복해진다면 질투할 건가요?

질투해서 불행한 게 아니라
불행해서 질투하는 건 아닐까요?

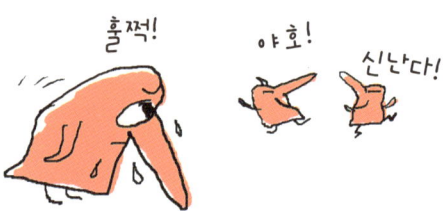

다른 사람이 우리를 불행하게 하는 걸까요?
아니면 스스로 자신을 불행하게 하는 걸까요?

질문 형제자매에게 질투를 느끼나요?

아니요.
질투하면 말썽을 일으키니까요.

그래,
그럴지만…

가끔은 질투하는 이유가 있고,
말썽을 일으키는 이유도 있지 않나요?

질투 형제자매에게 질투를 느끼나요?

말썽을 일으키지 않으려고
질투를 억누를 수 있을까요?

감추는 것보다 싸움으로라도 질투를
표현하는 것이 낫지 않나요?

생각정리하기

사랑은 아주 강한 감정이에요.
그래서 우리는 사랑받지 못할까 봐 두려워하고,
사랑을 잃으면 더 이상 살 수 없을 것 같아져요.
부모님이 형제자매를 돌보지 않고, 나만 바라보고 돌봐 주면 좋겠어요.
그럴 때 우리는 옳지 않다고 생각하면서도 형제자매를 질투해요.
형제자매에게 주어지는 모든 것이
우리에게서 훔친 것이라 느껴지는 것이지요.
이런 감정은 우리를 고통스럽게 해요.
이렇듯 사랑은 아주 강한 감정이에요.
그러나 사랑 또한 나눌 수 있는 감정이라는 걸 잊지 말아야 한답니다.

이런 질문을 하는 건…

사랑이란 서로 주고받는 것임을
이해하기 위해서랍니다.

우리는 사랑하는 사람을
믿어야 한다는 것을
배우기 위해서랍니다.

가족 안에 각자 자신에게 맞는
자리가 있다는 것을 알기 위해서랍니다.

우리가 주는 사랑도, 받는 사랑도
모두 다른 사랑과 비교할 수 없음을
알기 위해서랍니다.

싸움

사랑하는 사람과 왜 싸우는 걸까요?

사랑하는 사람도 나를 귀찮게 할 때가 있어요.
그럴 때 나를 지키고 보호하려고
싸우는 거예요.

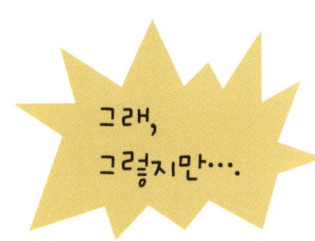
그래,
그럴지만….

사랑하는 사람이 아무 이유도 없이 귀찮게 할까요? 이유가 있어서 귀찮게 할 때도 있지 않을까요?

귀찮게 하면 자신을 지키기 위해 반드시 싸워야 하나요?

사랑하는 사람이 우리를 귀찮게 할 수도 있을까요?

다른 사람이 우리를 귀찮게 하는 것이 싫으면서 우리는 왜 다른 사람을 귀찮게 하는 걸까요?

화가 나니까
사랑하는 사람과도 싸우는 거예요.

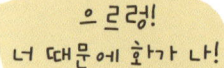
 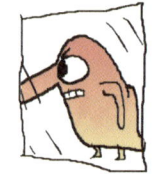

누가 우리를 화나게 하는 걸까요?
다른 사람일까요?
아니면 바로 우리 자신일까요?

싸우면 화가 가라앉나요?

화가 날 때는 혼자 있는 게
낫지 않을까요?

싸움 사랑하는 사람과 왜 싸우는 걸까요?

난 심술궂어요.
그러니까 사랑하는 사람과도 싸우는 거예요.

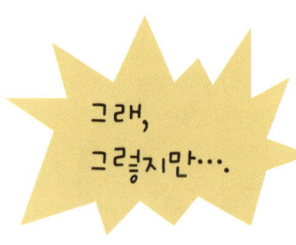

싸우면 심술궂어지는 걸까요?
아니면 심술궂으니까 싸우는 걸까요?

정말 심술궂다면,
누군가를 사랑할 수 있을까요?

사람이 완전히
심술궂기만 할 수 있을까요?

싸움 사랑하는 사람과 왜 싸우는 걸까요?

난 싸우면 기분이 좋아져요.
그러니까 사랑하는 사람과도
싸우는 거예요.

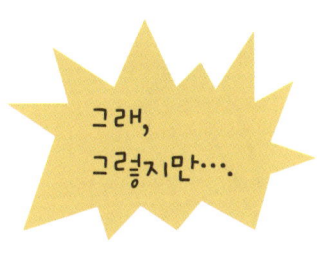

그래,
그렇지만….

싸워서 사랑하는 사람의 마음을
아프게 해도 기분 좋은 일일까요?

싸우고 나면
항상 기분이 좋아지던가요?

야! 기분 좋다!

싸움은
위험한 놀이야.

싸움이 놀이가 될 수 있을까요?

그래,
그렇지만…

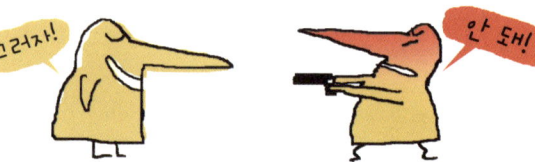

문제에 대해 차분히 이야기하는 편이 더 낫지 않을까요?

해결할 수 없는 문제도 있을까요?

문제를 해결하려고
사랑하는 사람과도 싸우는 거예요.

싸움이 새로운 문제를 만들지는
않나요?

싸우면서 주고받은 말이 항상 옳았
나요? 생각 없이 한 말은 없었나요?

생각 정리하기

때로는 사랑하는 사람과의 싸움이 가장 힘들어요.
사랑하기 때문에 상처받기도 쉽고, 서로 요구하는 것도 많기 때문이에요.
또 사랑하는 사람과는 같이 살거나 자주 보기 때문일 수도 있어요.
우리는 사랑하는 사람들이 옆에 없으면 힘들어하면서도
그들이 옆에 있다는 것을 못 견디기도 해요.
싸움에는 항상 이유가 있답니다.
화가 났거나 의견이 맞지 않을 때, 다른 사람을 귀찮게 하고 싶을 때,
다른 사람이 시비를 걸 때 싸우지요.
그러나 싸운다고 사랑하지 않는 것은 아니에요.
사랑하는 사람들도 서로 다르기 때문에,
맞서기도 하고 쌀쌀맞게 대하기도 해요.
그런데 이 사실을 받아들이는 게 힘들어서 우리는 싸운답니다.

이런 질문을 하는 건….

우리가 싸우는 이유를 이해하여
싸움을 줄이기 위해서랍니다.

어떤 행동이나 말은 사랑하는 사람에게
상처를 줄 수도 있다는 것을 알기 위해서
랍니다.

함께 산다는 것은 서로 알아가는
과정이에요. 사랑하면 그 과정 또한
필요하다는 것을 기억하기 위해서랍니다.

[사랑]
누군가를 사랑하는 것은 좋은 일인가요?

난 좋은 일이라고 생각해요.
사랑은 우리에게 행복을 가져다주니까요.

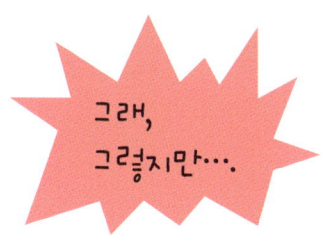

사랑할 때 느끼는 행복은 혼자서는
알 수 없는 행복일까요?

사랑이 행복만 줄까요?

삶에서 가장 중요한 것이
행복일까요?

자신은 누구에게도 사랑받지
않으면서 누군가를 사랑해도
행복할 수 있을까요?

사랑하면 친구들이 나를 놀릴 거예요.

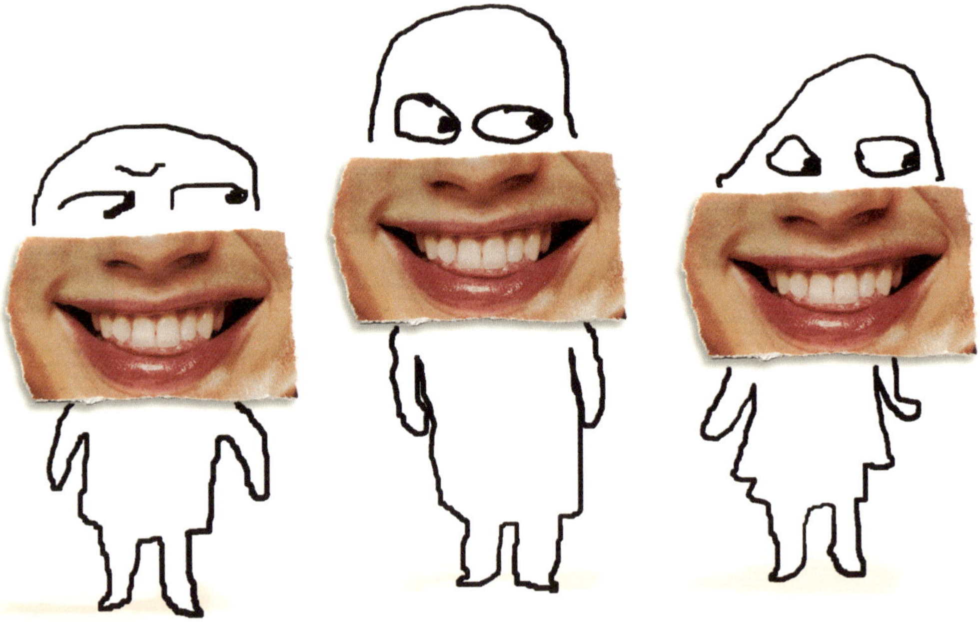

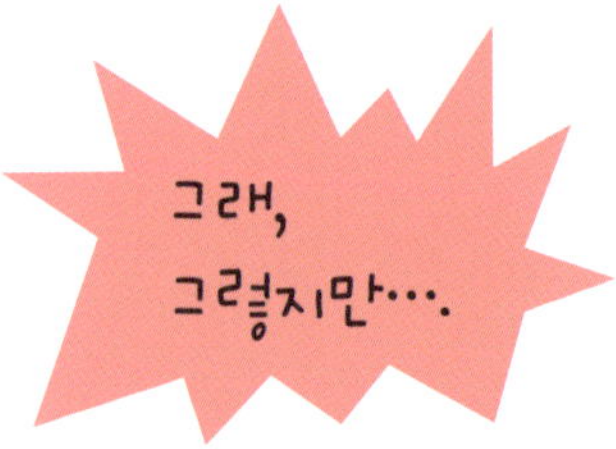

그래, 그렇지만….

어쩌고 저쩌고

다른 사람의 의견을 좇는 게 나을까요?
아니면 자기 생각을 따르는 게 나을까요?

틀린 생각을 하고 있는 사람을 우리가 설득할 수도 있지 않을까요?

그러니까 좋은 일이 아니라고 생각해요.

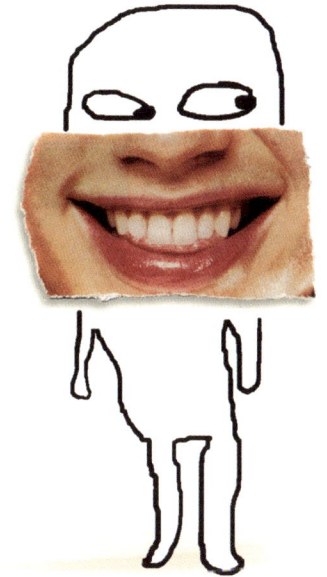

다른 사람을 놀리는 건 그 사람을 질투하기 때문이 아닐까요?

부모님이 서로 사랑하기 때문에 사람들이 놀리나요?

사랑하는 것은 좋은 일이라고 생각해요.

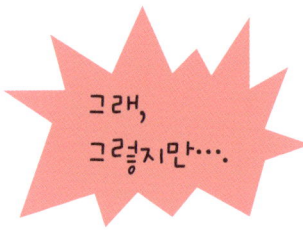
그래, 그렇지만….

우리를 도와주지 않는 사람을 우리가
계속 사랑할 수 있을까요?

우리는 사람을 사랑하는 걸까요?
아니면 그 사람이 하는 일을
사랑하는 걸까요?

왜냐하면 서로 도울 수 있으니까요.

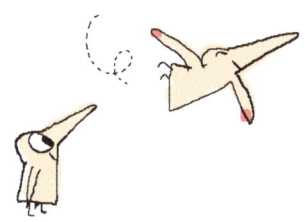

우리에게 도움이 되어야만
사랑인 걸까요?

누군가를 사랑하면 그 사람을 돕고
싶을까요? 아니면 그 사람에게서
도움을 받고 싶을까요?

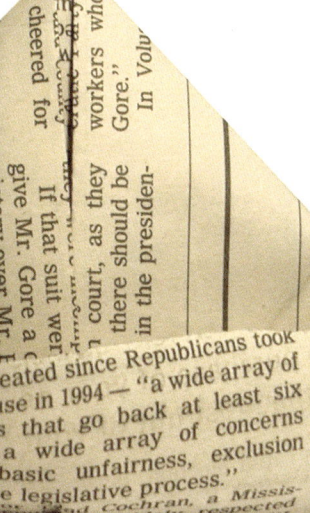

사랑하는 것이 꼭 좋은 건 아니에요.
어떤 사랑은 오래가지 않으니까요.

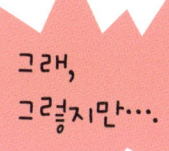

사랑이 오래갈지 아닐지
어떻게 알 수 있을까요?

사랑을 지속시키려고
노력할 수 있지 않을까요?

고통받을 수 있다는 이유로
사랑하지 말아야 할까요?

내 마음이 사랑하고 싶지 않을 때
사랑에 빠지는 것은
좋은 일이 아니라고 생각해요.

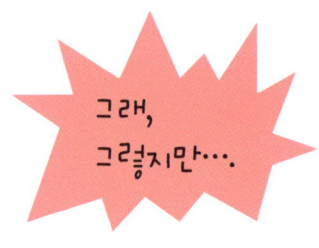

원하지 않았는데도
사랑에 빠질 수 있을까요?

사람마다 운명이 정해준 사람이
어딘가에 있는 걸까요?

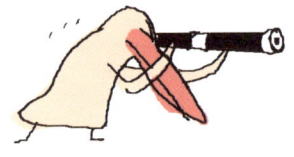

사랑에 빠졌다고 그 사랑을
계속 유지할 수 있을까요?

사랑 누군가를 사랑하는 것은 좋은 일인가요?

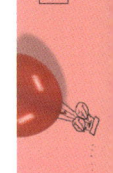

생각정리하기

**우리는 사랑에 빠지길 꿈꾸지만,
사랑을 두려워하기도 해요.**

사랑에 빠지면 얼마나 행복할까요?
그러나 사랑에는 위험도 따르기 때문에 걱정이 많아진답니다.
사랑하는 사람 없이 살 수 없을 것 같아지면 어떻게 해야 할까요?
서로 화가 나거나 헤어지면 어떻게 해야 할까요?
또 사람들이 놀리면 어떻게 해야 할까요?
우리는 자신도 모르는 사이에 사랑에 빠질 수 있답니다.
결심하지 않았는데 어떤 사람을 사랑하게 되고,
어떤 순간부터 사랑하겠다고 정하지 않았는데 사랑에 빠져있지요.
이렇게 사랑은 때로 우리를 압도해요.
그러나 사랑하면서 우리는 마음 깊은 곳에 있는 참된 자신을 만나기도 한답니다.

이런 질문을 하는 건…

억제할 수 없는 감정도 있다는 것을 받아들이고 이해하기 위해서랍니다.

자기 자신을 더 잘 감당하려면 자신이 어떤 사람이고 무엇을 원하는지 알아야 한다는 것을 이해하기 위해서랍니다.

일상생활에 가장 좋은 것을 끌어들이기 위해서랍니다.

우정

혼자 있기와 친구와 놀기 중
어떤 게 더 좋은가요?

난 혼자 있는 게 더 좋아요.
평온하게 있고 싶으니까요.

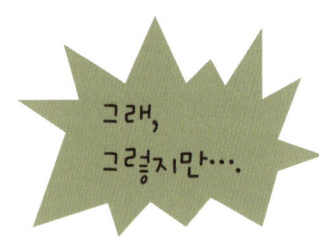

혼자 있을 때의 평온함이
지루함으로 바뀔 때는 없었나요?

혼자 있으면 때때로 불안하지 않나요?

평온하게만 살 수 있을까요?

우정 혼자 있기와 친구와 놀기 중 어떤 게 더 좋은가요?

난 곰곰이 생각하고 싶을 때
혼자 있는 게 더 좋아요.

사람들은 혼자만의 생각을 가지고 고민할까요?
아니면 다른 사람들의 의견도 같이 고민할까요?

혼자 생각하는 것보다 다른 사람들과 함께
고민하는 것이 더 낫지 않을까요?

잘못된 생각을 할 때 누가 우리의 생각을
바로 잡아줄 수 있을까요?

놀려면 친구들과 같이 있는 것이 좋아요.

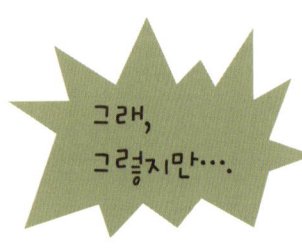
그래,
그럴지만…

퍽!

혼자 노는 방법도 있지 않을까요?

놀려고 친구를 사귀는 건가요?

우정 혼자 있기와 친구와 놀기 중 어떤 게 더 좋은가요? 72 | 73

함께 놀지 않으면
친구가 아닌 걸까요?

놀이에서 질 때도
친구와 함께 있는 것이 좋나요?

난 혼자 있는 게 더 좋아요.
장난감을 나누고 싶지 않으니까요.

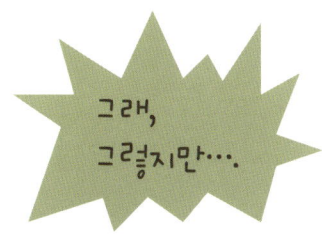

장난감을 나누는 친구도 있지 않나요?

가진 것을 함께 나누면서
행복할 수도 있지 않을까요?

친구들과 함께하는 놀이도 있어요.
그런 놀이도 혼자 하고 싶나요?

난 친구들을 좋아하니까
함께 있는 게 더 좋아요.

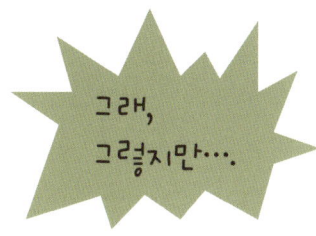

그래, 그렇지만….

친구들과 한집에서 다 함께 살기를 원하나요?

친구를 자주 바꾸나요?

친구가 혼자 있고 싶어 하면
어떻게 할 건가요?

친구들이 원하는 것을 해주지 않을 때도
여전히 그 친구들을 좋아할 수 있나요?

짤각 짤각   덜 그럭

덜 그럭

지 지 찍   딱딱딱

딱

찍찍   뚝 딱

우우   뚝 딱   우우

지 지 찍

난 친구와 함께 있는 게 더 좋아요. 혼자 있는 건 싫으니까요.

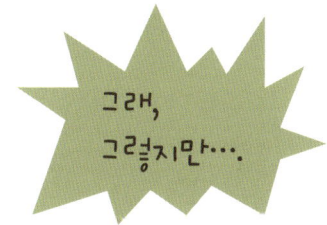

누군가와 함께 있어야 안심이 되니까 친구들을 좋아하는 건가요?

지금 함께 있으면 모두 친구인 건가요?

자기 자신과도 잘 지내지 못하면서 다른 사람과 잘 지낼 수 있을까요?

생각정리하기

**우리는 혼자 조용히 있고 싶기도 하고,
친구들과 함께 있고 싶기도 해요.**

우리는 친구들을 좋아해요. 친구들은 우리를 즐겁게 해주니까요.
우리는 친한 친구에게 자신의 중요한 비밀을 털어놓기도 한답니다.
우리는 친구들과 이야기하기를 좋아해요.
그러나 친구들과 의견이 맞지 않을 때는 화가 나지요.
게다가 우리가 하기 싫은 일을 친구들이 해 달라고 조를 때도 있어요.
그럴 때 우리는 혼자 있고 싶어 해요.
그러나 혼자 있으면 지루하고, 결국에는 혼자 있는 것이 싫어져요.
친구들이 다시 그리워지지요.
그래서 우리는 혼자 있는 방법도 배워야 하고,
친구들과 잘 지내는 방법도 배워야 한답니다.
또 우정이란 오랜 시간 동안 함께 만들어 가는 것임을 잊지 말아야 해요.

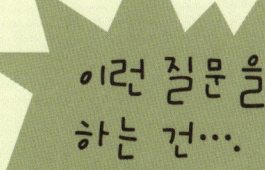
이런 질문을 하는 건…

자기 자신을 잃지 않으면서도 친구들과 함께 하는 법을 배우기 위해서랍니다.

사람들이 함께 어우르며 만드는 것이 삶임을 알기 위해서랍니다.

우리는 모두 서로 다르다는 것을 이해하기 위해서랍니다.

친구끼리 서로 나눌 수 있다는 것을 알기 위해서랍니다.

수줍음

친구들 앞에서 혼자 말하는 게 두려운가요?

난 친구들 앞에서 말하는 게 재미있어요.
광대처럼 웃길 수도 있답니다.

광대처럼 웃기면 사람들이
함부로 대하지는 않을까요?

웃음으로 두려움을 이길 수 있을까요?

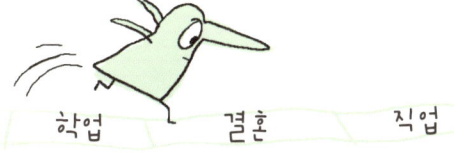

사는 게 놀이가 될 수 있을까요?

난 친구들 앞에서 말하는 게 두려워요.
사람들이 쳐다보니까요.

쳐다본다고 우리를 판단하는 걸까요?

그럼 투명인간이 되고 싶은 건가요?

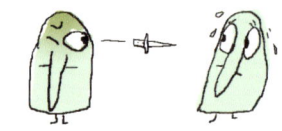

쳐다보는 것이 나쁜 걸까요?

수줍음 친구들 앞에서 혼자 말하는 게 두려운가요?

여러 사람 앞에서 혼자 말해야 하니까
난 두려워요.

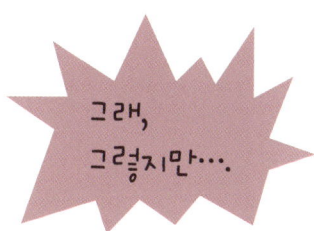

혼자 말하는 사람처럼, 듣는 친구들도
각자 혼자인 것은 아닐까요?

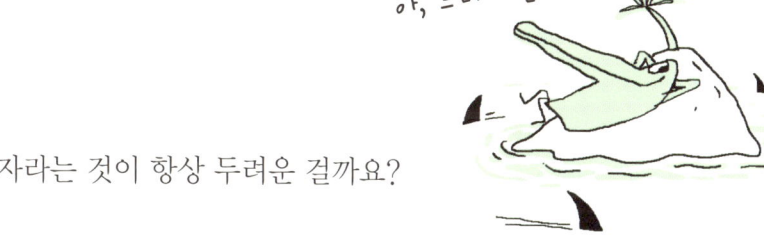

혼자라는 것이 항상 두려운 걸까요?

혼자 말하는 친구와 듣고 있는 친구들의
의견이 같을 수도 있지 않을까요?

난 친구들 앞에서 혼자 말하는 게 두려워요.
실수하면 바보 같아 보이니까요.

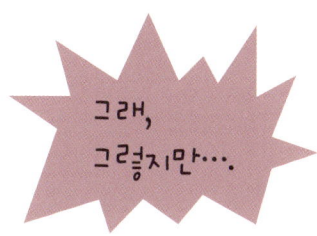

배우기 위해 학교에 가고,
배우면서 실수할 수도 있지 않을까요?

모든 것을 알아야 똑똑한 걸까요?

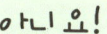

완벽한 사람만 살 수 있는 걸까요?

바보 같아 보이지만 실제로는
그렇지 않은 사람도 있지 않을까요?

난 친구들 앞에서 혼자 말하는 게 두려워요. 얼굴이 빨개지고 말을 더듬게 되니까요.

그런 감정을 극복할 수도 있지 않나요?

얼굴이 빨개지고 말을
더듬는 사람이 또 있지 않을까요?

얼굴이 붉어지는 게 그리 심각한 일일까요?

수줍음 친구들 앞에서 혼자 말하는 게 두려운가요?

난 두렵지 않아요.
내가 하는 말을 사람들이
들어주는 게 좋으니까요.

말한다고 해서 그 말을 다 인정받는 걸까요?

다른 사람의 말을 듣는 것도 좋아하나요?

들었지만 이해하지 못할 수도 있지 않나요?

생각 정리하기

우리는 많은 사람 앞에 혼자 서는 것에 익숙하지 않아요.
많은 사람 앞에 혼자 서는 것은 즐거울 수도 있고 무서울 수도 있어요.
나를 지켜보고 듣는 사람이 훨씬 많으니까요.
사람이 너무 많아 마음이 동요될 수도 있어요.
또 사람들이 우리를 비웃을 수도 있지요.
우리는 듣는 사람의 마음을 사로잡고 싶어 해요.
우리가 듣는 사람들을 웃기면 우리의 말을 좋아하게 만든 건지도 몰라요.
그러나 너무 떨어서 한마디도 말하지 못할 때도 있어요.
다른 사람들이 무슨 생각을 할까 상상하거나,
너무 잘하려고 자신을 다그치지 않으면,
다른 사람들 앞에서 말하는 것이 더 이상 두렵지 않을 수 있답니다.

이런 질문을 하는 건…

사람들 안에서 내 위치와 역할을
알기 위해서랍니다.

모여 있는 사람들이 친근하게 느껴지거나
두렵게 느껴지는 이유가 무엇일지 스스로
묻기 위해서랍니다.

완전한 사람은 없다는 것을
알기 위해서랍니다.

모든 사람의 마음에 들 수는
없다는 것을 받아들이기
위해서랍니다.

철학하는 어린이 시리즈 07
감정이란 무엇일까요?

글 | 오스카 브르니피에
그림 | 세르주 블로흐
옮김 | 박광신

초판 1쇄 발행 | 2012년 3월 5일
초판 8쇄 발행 | 2020년 11월 15일

펴낸이 | 신난향
편집위원 | 박영배
펴낸곳 | (주)맥스교육(상수리)
출판등록 | 2011년 8월 17일(제321-2011-000157호)
주소 | 서울특별시 서초구 마방로 2길 9, 보광빌딩 5층
전화 | 02-589-5133(대표전화)
팩스 | 02-589-5088
홈페이지 | www.maxedu.co.kr
블로그 | blog.naver.com/sangsuri_i

기획 · 편집 | 김사랑
디자인 | 유지현
영업 · 마케팅 | 백민열
경영지원 | 장주열

ISBN 978-89-97449-05-7 64100

＊이 책의 내용을 일부 또는 전부를 재사용하려면 반드시 (주)맥스교육(상수리)의
  동의를 얻어야 합니다.
＊잘못된 책은 구입한 곳에서 바꾸어 드립니다.

> 상수리는 독자 여러분의 귀한 원고를 기다리고 있습니다.
> 투고 원고는 이메일 maxedu@maxedu.co.kr로 보내 주세요.

어린이제품안전특별법에 의한 제품 표시
제조자명 (주)맥스교육(상수리) ＼ 제조국 대한민국 ＼ 제조년월 2020년 11월 ＼ 사용연령 만 7세 이상 어린이 제품